Pako Ruiz Barbosa

APULEYO EDICIONES   FOMENTO DE VALORES   CUENTOS ILUSTRADOS

Mamá me ve desde el cielo

APULEYO EDICIONES   FOMENTO DE VALORES   CUENTOS ILUSTRADOS

Para mi ahijada Lola, a quien amo con locura.

Queridas familias:

Me conmueve y me llena de esperanza descubrir que este cuento, lleno de VIDA, es expresión de un movimiento amoroso que espero que pueda servir de consuelo a muchas familias que lo puedan necesitar.

La muerte es una realidad llena de dolor, al principio, por la ausencia física de nuestros seres queridos. Hablar de la muerte nos ayuda a vivir mejor. Hablar de la muerte con los niños es vital. Es necesario visibilizar el duelo de los más pequeños y así poderlos acompañar de manera amorosa y respetuosa.

Carmen Martín Cortés

Por fin es sábado, el sol brilla y el cielo tiene mi color favorito del mundo: el celeste. No puedo esperar, qué ganas tengo de que llegue esta tarde.

El lunes pasado, papá me dio una gran sorpresa; me dijo que el fin de semana enviaríamos una carta al cielo para mamá; por lo que decidí que sería muy buena durante toda la semana y me cepillaría mis dientes tres veces al día durante al menos un minuto para tenerlos siempre fuertes y sanos.

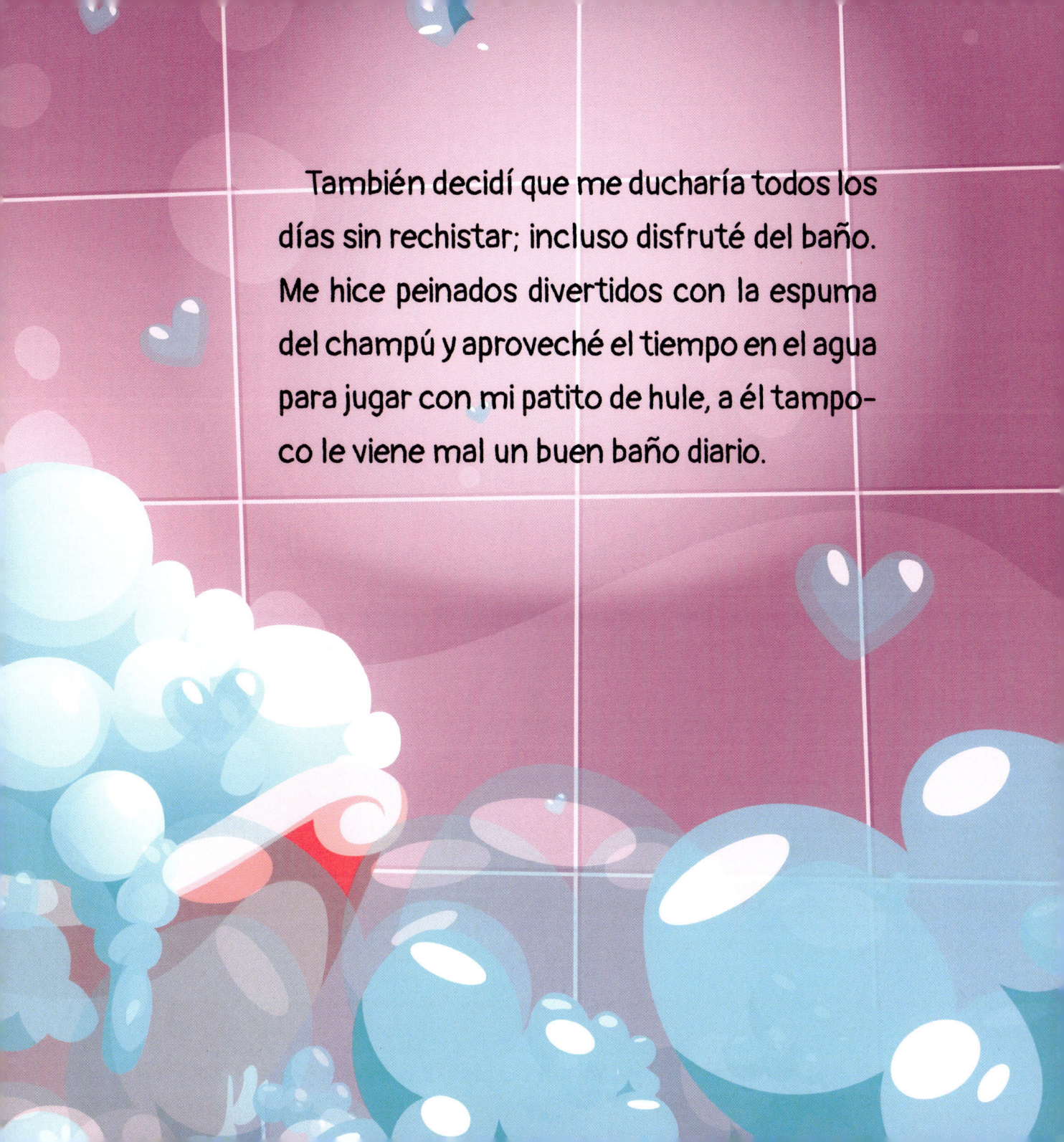

También decidí que me ducharía todos los días sin rechistar; incluso disfruté del baño. Me hice peinados divertidos con la espuma del champú y aproveché el tiempo en el agua para jugar con mi patito de hule, a él tampoco le viene mal un buen baño diario.

Hice todas mis tareas y escuché mis audios de inglés todos los días. Qué contenta debe estar mamá porque cada día entiendo más palabras; mi padrino me dice oraciones muy largas y puedo responder sin problema. También he aprendido muchas canciones nuevas y papá me pone los dibujitos en inglés.

Me estoy preparando bien para hacer esos viajes de los que mamá me ha hablado tanto. Visitaré, como ella, sitios lejanos por todo el mundo, países donde las personas hablan otros idiomas y comen platos exóticos y deliciosos.

Me encanta viajar en avión. Qué emoción me da saber que el próximo viaje familiar será a México, donde mamá vivió cuando era estudiante y encontró a su familia mexicana.

Durante toda la semana hice muchos dibujos y cartas para mamá.

Les puse pegatinas con brillo, flores, lunares, arcoíris y todas llevan mi nombre; que, por cierto, escribo cada día mejor.

Utilicé ceras, rotuladores, lápices de todos los colores, brochas y acuarelas.

Tal vez me ensucié un poquito, pero valió la pena porque son cartas preciosas que a mamá le encantarán.

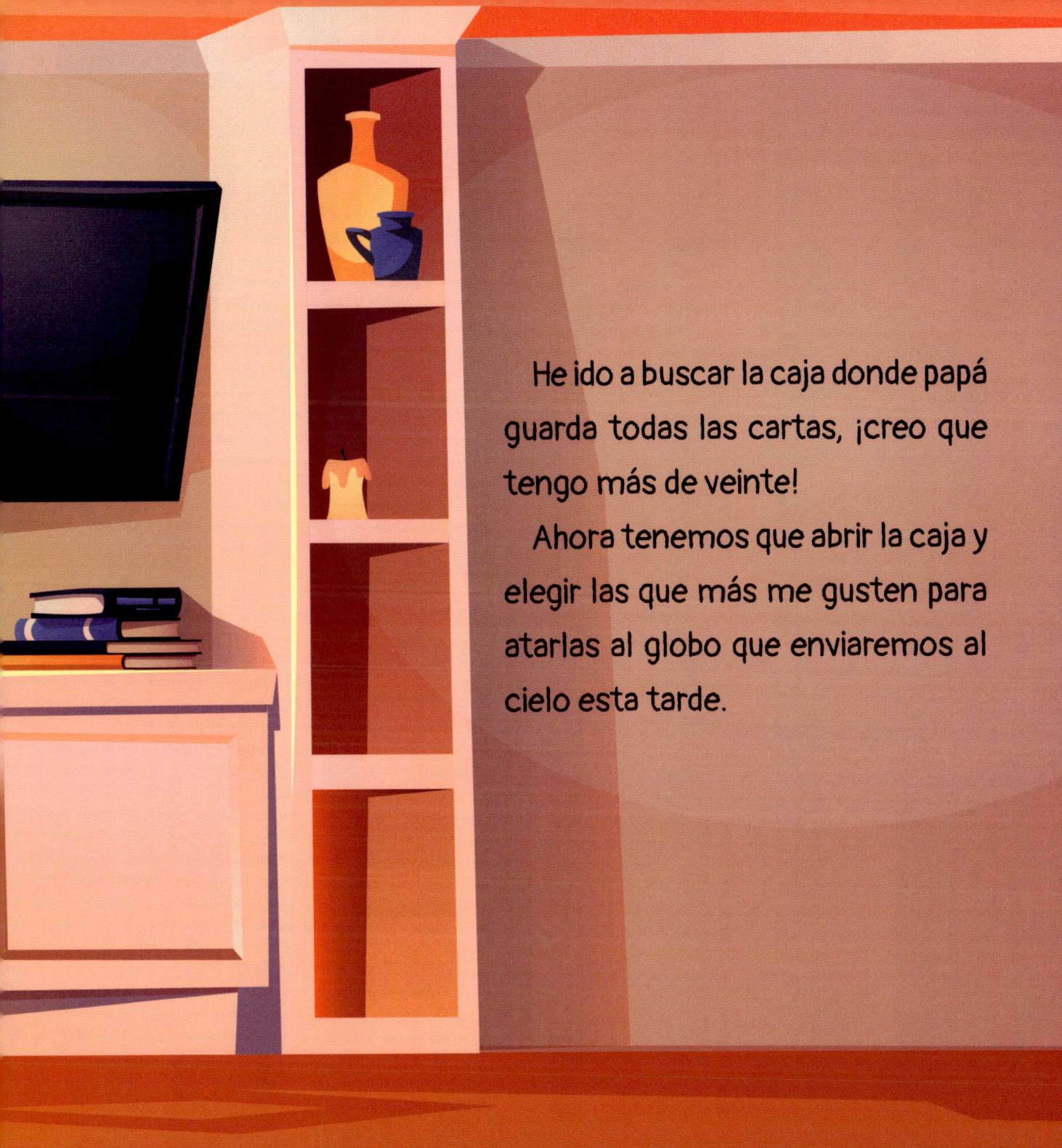

He ido a buscar la caja donde papá guarda todas las cartas, ¡creo que tengo más de veinte!

Ahora tenemos que abrir la caja y elegir las que más me gusten para atarlas al globo que enviaremos al cielo esta tarde.

Qué difícil tener que elegir pocas cartas, hay tantos dibujos y mensajes de amor que quiero enviar, pero un globo no puede soportar tanto peso.

Así que, cada vez que enviamos un globo al cielo, debo elegir unas cuantas para que pueda volar y las cartas le lleguen sin problema.

Tengo tantos recuerdos hermosos con mamá, tantos besos, abrazos y risas.

Por eso hago cartas y dibujos, para decirle cuánto la amo, porque ella siempre me dijo: "Te quiero con locura"; y es así como yo también la quiero a ella.

Algunas veces estoy triste cuando pienso en ella porque la echo de menos, pero eso está bien y es normal. Papá, los abuelos, mis titos y padrinos también tienen momentos de tristeza, pero cuando eso sucede, cerramos fuerte los ojos, pensamos en mamá y recordamos cosas bonitas que vivimos con ella.

¡Un gran abrazo y un beso también nos hacen sentir mejor!

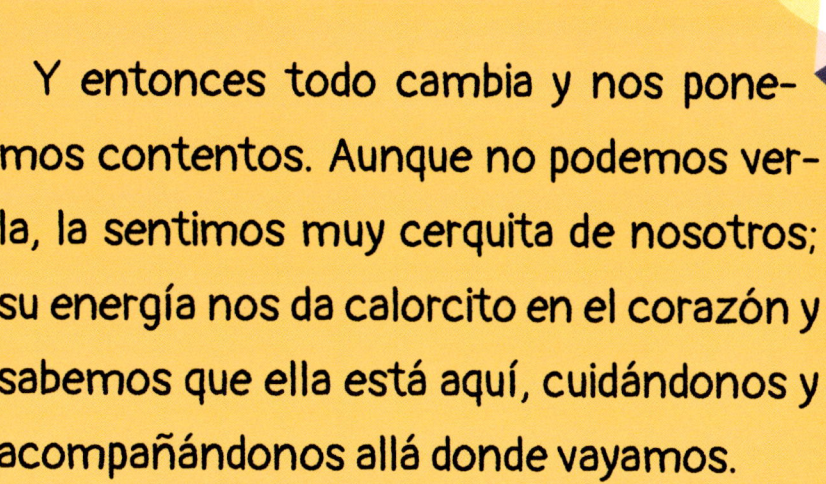

Y entonces todo cambia y nos ponemos contentos. Aunque no podemos verla, la sentimos muy cerquita de nosotros; su energía nos da calorcito en el corazón y sabemos que ella está aquí, cuidándonos y acompañándonos allá donde vayamos.

Ha sido difícil, pero por fin elegí las cartas que enviaré hoy al cielo.

Papá me ayudó y juntos las atamos al cordón de los globos.

Ahora solo falta esperar a la familia, que viene también; todos quieren estar aquí para el gran momento.

¡Es tan emocionante saber que volarán muy alto!

Qué feliz me siento, los globos se han ido ya.

Al soltarlos, envié besos con todo mi amor para mamá.

Seguiré siendo muy buena y haré cartas y dibujos todas las semanas, esperando con ilusión el siguiente día en que enviemos otro globo al cielo, a ese cielo hermoso y celeste desde el que mamá me ve...

©Francisco Ruiz Barbosa (de la obra)
©Apuleyo Ediciones (de esta edición)
Primera edición en Apuleyo Ediciones: septiembre 2024
Diseño de cubierta: Ernesto Pérez Martínez
Corrección: Aitor Andréu Guerrero
Maquetación: Sofía Corzo González

Ilustraciones: Alberto Vegas Vaccari

Coordinación editorial: Isidoro Cidre González
info@apuleyoediciones.com
www.apuleyoediciones.com
ISBN: 978-84-1060-327-1
Depósito legal: H 381-2024

Hecho e impreso en España.